Burlington House School
59 Fulham High Street
Fulham
London
SW6 3JJ

THE LANGUAGE GYM

SPANISH SENTENCE BUILDERS

A lexicogrammar approach

PRIMARY
Part 1

ANSWER BOOK

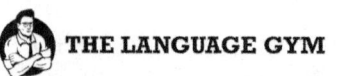 **THE LANGUAGE GYM**

Imprint: Language Gym

Edited by:

Roberto Jover Soro

Table of Contents

THE LANGUAGE GYM

UNIT 1 - ME LLAMO (My name and age)

LISTENING

1. Listen and complete with the missing vowel

a. Me llamo   b. Tengo   c. Seis   d. Cinco   e. Cuatro   f. Años   g. Uno   h. Once   i. Diez   j. Siete

2. Can you help the penguin to break the flow?

a. Hola, me llamo Ana y tengo diez años.   b. Buenos días, me llamo Carlota.

c. Hola, me llamo Felipe. Tengo ocho años.   d. Hola, me llamo José y tengo doce años.

e. ¿Cómo te llamas? Me llamo Jimena.   f. ¿Cuántos años tienes? Tengo siete años.

3. Listen and tick one option for each sentence

a. 2 Me llamo <u>Pablo.</u>   b. 1 Tengo <u>once años.</u>   c. 3 Tengo <u>ocho años.</u>   d. 3 Hola, <u>¿Cómo te llamas?</u>

4. Complete with the missing syllables in the box below

a. ¿Cómo te llamas?   b. Me **lla**mo Esmeralda.   c. Tengo cinco años.   d. **Buenos** días.

e. Hola, me llamo José.   f. ¿Cuántos años **tienes**?   g. **Ten**go siete años.   h. Tengo doce años.

i. Me llamo Guillermo.   j. Hola, me llamo So**fía**.

5. Fill in the grid with the correct name and age ✏️

a. Me llamo Valle. Tengo ocho años.   Valle ; 8

b. Buenos días, me llamo José. Tengo seis años.   **José** ; 6

c. Hola, Me llamo Sofía y tengo once años.   **Sofía** ; 11

d. ¿Cómo te llamas? Me llamo Pedro y tengo siete años. **Pedro** ; 7

6. Faulty Echo.

a. Tengo nueve <u>años.</u> (anos)   b. Hola, tengo <u>doce</u> años. (doche)

c. <u>Buenos</u> días, me llamo María. (Buenas)   d. Hola, tengo <u>once</u> años. (onche)

e. Hola, me <u>llamo</u> Guillermo y tengo ocho años. (lamo) f. Me llamo <u>Juan</u> y tengo siete años.   (Gyuan)

g. ¿Cuántos años <u>tienes</u>? (tenes)

7. Track the sounds: Listen and write down how many times you will hear the sound

1. **A: 7 times**   Hola, Me Llamo, García, Cinco, Años, Ana

2. **E: 8 times**   Siete, Nueve, Pedro, Cómo, Buenos, Tienes, Uno

3. **I: 6 times**   Pilar, Seis, Tres, María, Ignacio, Ocho, Buenos Días,

4. **O: 7 times**   Once, José, Dos, Te Llamas, Tengo, Carlos, Ocho, Nina

5. **U: 7 times**   Cuatro, Nueve, Uno, Carmen, Raúl, Cuántos, Cumpleaños, Juan

8. Spot the Intruder.

Identify and underline the word in each sentence the speaker is NOT saying

e.g. Me llamo Ana <u>hola</u>.   *hola*

a. ¿Cómo te llamas? <u>No</u> me llamo Pedro.   **no**

b. ¿Cuántos años tienes? Tengo <u>tres</u> seis años.   **tres**

c. Buenas tardes, <u>tengo</u> me llamo Beatriz.   **tengo**

d. Hola José, <u>y</u> ¿Cuántos años tienes?   **y**

e. Hola, <u>dos</u> me llamo Ana y tengo diez años.   **dos**

THE LANGUAGE GYM

9. Spelling Challenge (1-12) Listen and complete the Spanish words with the missing letter.

a. Dos   b. Uno   c. Seis   d. Nueve   e. Cinco   f. Diez

g. Ocho   h. Tres   i. Cuatro   j. Siete   k. Doce   l. Once

10. Listen and circle the correct number

a. Siete, 7   b. Diez, 10   c. Once, 11   d. Cinco, 5   e. Doce, 12

VOCABULARY BUILDING

1. Match Up

1. e   2. a   3. g   4. b   5. c   6. h   7. j   8. i   9. d   10. f

2. Broken Words

a. Tengo   b. Ocho   c. Seis   d. Años   e. Me llamo   f. Doce   g. Uno   h. Siete   i. Nueve   j. Diez

3. Complete the sentences with the missing words below

a. Tengo **siete** años.   b. Me **llamo** Dylan.   c. Tengo **once** años.

d. ¿Cómo **te** llamas?   e. ¿Cuántos años **tienes**?   f. **Hola**, me llamo Nieves.

g. ¿Cómo se escribe tu **nombre**?   h. Me llamo Ana y **tengo** trece años.

4. Sentence Building Blocks

a. Tengo cinco años.   b. ¿Cuántos años tienes?

c. Me llamo Juan y tengo doce años.   d. Me llamo Pilar y tengo once años.

READING

1. Sylla-Bees

a. Me llamo Pedro.   b. **Tengo doce años.**   c. **Tengo nueve años.**

2. True or False

1a. True   1b. False (Carlota)   1c. False (10)   1d. True

2a. False (Estéfano)   2b. True   2c. True   2d. False (11)

WRITING

1. Spelling

a. Me llamo...   b. Tengo diez años.   c. Cuatro años   d. Nueve años   e. ¿Cómo te llamas?

f. ¿Cuántos años tienes?   g. ¿Cómo se escribe tu nombre?

2. Anagrams

a. Tengo ocho años.   b. Me llamo María.   c. Tengo doce años.   d. Tengo siete años.   e. Tengo once años.

3. Faulty Translation

a. I am 7 years old.   b. **How do you spell** your name?   c. How **old are you?**

d. **What's your name?**   e. **Hello**, my name's Ana.

4. Phrase-level Translation

a. Tengo ocho años.   b. Me llamo.   c. ¿Cómo te llamas?   d. Tengo doce años.   e. ¿Cuántos años tienes?

f. Buenos días.   g. Hola.   h. ¿Cómo se escribe?

 **THE LANGUAGE GYM**

UNIT 2 - ALPHABET AND PHONICS

LISTENING

1. Listen and write the alphabet as you hear it.
(Mi nombre se escribe...)
No fixed answer. Students write down letters of the alphabet and compare them with their classmates. Whole-class discussion.

2. Fill in the gaps with the missing letters
Transcript: "Se escribe..."
a. Carlos   b. Felipe   c. Juan   d. Alejandro   e. Cristina   f. Leticia   g. Sofía
h. Pedro   i. José   j. Valle

3. Complete the words with the missing letters
a. ¿Cómo se escribe tu nombre?   b. Me llamo María.   c. Me llamo Belén.
d. Mi nombre se escribe...   e. Me llamo José.

4. Listen and choose the correct spelling
a. 1 - Me llamo   b. 2 - Años   c. 2 - Juan   d. 2 - Cumpleaños
e. 1 - Español   f. 2 - Julia   g. 1 - José   h. 2 - Amarillo
i. 2 - Niños   j. 1 - Guillermo

5. Listen and tick the letter you hear
1. G   2. H   3. J   4. Ñ   5. E   6. C
7. V   8. U

6. Listen and write the names being spelled out:
1. Carlos   5. Pedro
2. Carmen   6. Antonio
3. Juan   7. Nieves
4. María   8. Jimena

 THE LANGUAGE GYM

UNIT 3 - ¿CÓMO ESTÁS?

LISTENING

1. Listen and tick the word you hear
e.g. 1 (Buenos días)   a. 1 (Regular)   b. 1 (Tranquilo)   c. 2 (Cansado)   d. 3 (Cansada)   e. 3 (Feliz)

2. Listen and complete with the missing vowel
a. Estoy contenta.
b. Buenas noches.
c. Estoy tranquilo.
d. Buenas tardes.
e. Estoy fenomenal.

f. Estoy triste.
g. Estoy cansado.
h. Hola, me llamo Roberto.
i. Estoy muy bien.
j. Buenos días.

k. Estoy fatal.
l. Estoy relajado.
m. Estoy nerviosa.
n. Buenos días.

3. Complete with the missing syllables in the box below
a. Estoy estresado.
b. Estoy bien.
c. Buenos días.
d. Buenas tardes.
e. Estoy muy bien.

f. Estoy bien porque estoy feliz.
g. Estoy contento.
h. Hola, me llamo María.
i. Estoy cansada.
j. Estoy mal porque estoy nervioso.

4. Listen and choose the correct spelling
1. a   2. b   3. b   4. a   5. b   6. b   7. a   8. b   9. b   10. a

5. Break the flow: Draw a line between words
a. Estoy muy bien porque estoy feliz.
b. Estoy mal porque estoy cansado.
e. Hola, me llamo José y estoy bien.

c. Hola, estoy mal porque estoy triste.
d. ¿Qué tal? Estoy regular, gracias.

6. Fill in the grid with the correct item and colour
a. Nieves ; Good morning ; Very well
d. Belén ; Good morning ; Calm

b. Daniel ; Good afternoon ; Nervous
e. Beatriz ; Good afternoon ; Relaxed

c. Juan ; Hello ; Sad.

7. Faulty Echo
e.g. Hola, estoy muy bien. (jola)
a. Buenos días, estoy regular. (reguiular con iu)
b. Estoy bien porque estoy feliz. (porque con qwue)
c. Estoy bien porque estoy relajada. (relajado con J inglesa)
d. ¿Qué tal? Estoy fenomenal. (fenomenal British accent)
e. Estoy mal porque estoy triste. (tchriste)
f. Estoy fenomenal porque estoy tranquila. (tchranquila)
g. Buenos días, estoy fatal. (feital)

8. Spot the Intruder. Identify the word in each sentence the speaker is NOT saying
a. Buenas tardes, estoy tranquilo, relajado y bien.   tranquilo
b. Buenos días, tardes estoy regular porque estoy triste.   tardes
c. Estoy fenomenal porque me estoy tranquila.   me
d. Hola, estoy un poco mal porque estoy bastante cansado.   bastante
e. ¿Cómo estás? Estoy muy bien.   muy

9. Narrow Listening - Gap-fill
a. Hola, estoy **bien** porque estoy feliz.
b. Buenos días, estoy fenomenal porque estoy **contenta**.
c. Buenas **tardes**, estoy mal porque estoy **nervioso**.
d. ¿Cómo estás? Estoy muy bien, **gracias**.
e. Hola, **estoy** regular porque estoy **tranquilo**.
f. ¿Qué tal? Estoy **fenomenal** pero cansada.

VOCABULARY BUILDING

1. Match Up
1. e   2. a   3. f   4. i   5. h   6. c   7. d   8. g   9. b

2. Broken Words
a. Regular   b. Fenomenal   c. Fatal   d. Bien   e. Buenos días   f. Adiós   g. Porque   h. Estoy   i. Muy bien

3. Complete the sentences with the words in the box below
a. Estoy **fenomenal** porque estoy feliz.
b. **Estoy** mal porque estoy cansada.
c. Estoy bien **porque** estoy contenta.
d. Estoy regular porque estoy **triste**.
e. ¿Qué **tal**? Estoy muy bien porque estoy **relajado**.

READING

1. Sylla-Bees
a. **Estoy fenomenal, gracias** .
b. ¿Cómo estás? **Estoy feliz.**
c. ¿Qué tal? **Estoy cansada** y triste.

2. Read the sentences and complete the grid below in English
a. Amira ; 11 ; Great ; Cheerful
c. Mateo ; 13 ; Well ; Relaxed
c. Chari ; 6 ; So-so ; Tired
d. Simona ; 9 ; Well ; Calm
e. Norberto ; 12; Bad ; Nervous

WRITING

1. Spelling
a. Estoy bien.
b. Estoy fenomenal.
c. Porque estoy feliz.
d. Porque estoy triste.
e. Porque estoy relajado.
f. ¿Qué tal?
g. ¿Cómo estás?

2. Anagrams
a. Estoy nervioso.
b. Me llamo Simón.
c. Estoy estresado.
d. No estoy feliz.
e. Estoy muy bien.

3. Faulty Translation
a. I am very well.
b. How are you?
c. I am relaxed.
d. I am sad.
e. Good morning, how are you?

4. Phrase-level Translation
a. Estoy bien.
b. Estoy fatal.
c. ¿Qué tal?/¿Cómo estas?
d. Estoy relajado.
e. Estoy estresado.
f. Estoy contenta.
g. Hola, estoy fenomenal.
h. Estoy tranquila.
i. Estoy relajada.

THE LANGUAGE GYM

UNIT 4 - MI CUMPLEAÑOS

LISTENING

1. Listen and tick the word you hear
1. c   2. b   3. a   4. b   5. c   6. b

2. Faulty Echo. You will listen to the sentence twice. The first one is correct, and the second one has an incorrect sound. Underline the wrong sound in each sentence.
e.g. Tengo seis años.
a. Mi cumpleaños es…   b. …el diecinueve de abril   c. Me llamo Nacho.
d. …el veintiséis de junio   e. …el dieciocho de octubre   f. Tengo once años.
g. …el dieciséis de diciembre   h. …el trece de marzo

3. Listen and complete with the missing letters
a. El doce de mayo   b. El catorce de febrero   c. El tres de julio
d. El veintiséis de junio   e. El veinte de septiembre   f. El quince de octubre
g. Tengo ocho años.   h. El treinta de enero

4. Complete with the missing syllables in the box below
a. Tengo diez años.   f. El doce de junio
b. El veintiocho de septiembre   g. El cuatro de marzo
c. El treinta y uno de julio   h. El tres de enero
d. Mi cumpleaños es…   i. El veinticinco de mayo
e. El diecisiete de agosto   j. El treinta de abril

5. Break the flow:
a. Mi cumpleaños es el diecisiete de noviembre.   b. Me llamo María. Tengo once años.
c. Mi cumpleaños es el cuatro de agosto.   d. ¿Cuándo es tu cumpleaños? El dos de abril.
e. Mi cumpleaños es el veintidós de mayo.   f. Mi cumpleaños es el trece de febrero.

6. Fill in the grid with the correct date of birth
a. 15th Jan   b. 18th Sept   c. 24th Oct   d. 27th Nov   e. 5th June

7. Spot the Intruder. Identify the word in each sentence the speaker is NOT saying
a. Mi cumpleaños es el diecinueve de no septiembre.   **no**
b. Mi cumpleaños es me el veinte de enero.   **me**
c. ¿Cuándo tengo es tu cumpleaños?   **tengo**
d. Me llamo Pedro. Mi cumpleaños es el años dos de febrero.   **años**
e. Mi cumpleaños es el quince de llamo junio.   **llamo**
f. Mi noviembre cumpleaños es el treinta y uno de octubre.   **noviembre**

8. Catch it, Swap it: rewrite the wrong word
a. Tengo **trece** años.   b. …tengo **diez** años   c. …el **veintiuno** de octubre   d. Tengo **doce** años…
e. …el **tres** de abril   f. …el cuatro de **junio**   g. …el seis de **octubre**

THE LANGUAGE GYM

9. Listen, Tick or Cross
a. X (12 years old)   b. ✓   c. X (13 years old, 7th June)   d. ✓   e. ✓   f. X (15th June)

READING

1. Sylla-bees
a. El catorce de marzo   b. El dieciséis de junio   c. Mi cumpleaños es el veinticuatro de mayo.

2. True or False
1a. True   b. False (very well)   c. False (7)   d. False (19th of September)
2a. False (Francisco)   b. False (tired)   c. True   d. False (22nd of April)

3A. Tick or Cross
a. ✓   b. X   c. ✓   d. X   e. ✓   f. X
g. X   h. ✓   i. ✓   j. X   k. X

3B. Find the Spanish in the text above
a. Me llamo…   b. Mi cumpleaños es…   c. Tengo siete años.   d. Porque estoy tranquila.

4. Language Detective
A. Find someone who…
a . Pedro   b. Francisco   c. Pedro   d. Carlos   e. Verónica   f. Carlo   g. Pedro
B. Odd one out: I am 11 years old. (odd chunk)

WRITING

1. Spelling
a. Buenos días.   b. Mi cumpleaños   c. El tres de noviembre   d. El cinco de abril
e. El trece de enero   f. El quince de junio   g. Tengo seis años.

2. Anagrams
a. Siete de octubre   b. Catorce de agosto   c. Once de diciembre   d. Treinta de junio

3. Gapped Translation
a. I am **seven** years old.   b. I am **six** years old.   c. I am not **tired**.   d. I am **happy**.
e. The **16th** of February   f. The **23rd** of August   g. Good **afternoon/evening**.

4. Split Sentences
a. 3   b. 6   c. 2   d. 1   e. 4   f. 5

5. Rock Climbing
a. Me llamo Francisco. Mi cumpleaños es el tres de mayo.
b. Tengo doce años. Mi cumpleaños es el veintitrés de junio.
c. Mi cumpleaños es el veintiocho de marzo. Tengo diez años.
d. Tengo once años. Mi cumpleaños es el cinco de julio.
e. ¿Cuándo es tu cumpleaños? Es el quince de enero.

6. Mosaic Translation

a. Tengo trece años. Mi cumpleaños es el dieciocho de abril.

b. ¿Cuántos años tienes? Tengo doce años.

c. Me llamo Ana. Mi cumpleaños es el veintidós de agosto.

d. ¿Cuándo es tu cumpleaños? Es el dieciséis de diciembre.

e. Mi cumpleaños es el treinta y uno de octubre. Tengo once años.

7. Sentence Puzzle

a. Mi cumpleaños es el trece de septiembre.

b. ¿Cuándo es tu cumpleaños?

c. Mi cumpleaños es el doce de abril.

d. Me llamo Carlos y tengo nueve años.

e. Mi cumpleaños es el diecinueve de enero.

f. Mi cumpleaños es el veinticuatro de diciembre.

g. Me llamo Chari y tengo catorce años.

h. Me llamo María y mi cumpleaños es el doce de enero.

i. ¿Cuántos años tienes? Tengo siete años.

8. Tangled Translation

a. Hello, **my name is** Felipe. **I am** very well **because I am** happy. **I am** ten **years old. My birthday is on the 20th** of January. When is **your birthday?**

b. Hola, **me llamo** Jimena. **Estoy** mal **porque** estoy **cansada. Tengo** once **años. Mi cumpleaños** es el ocho **de** julio. ¿Cuándo es **tu cumpleaños?**

9. Fill in the Gaps

a. Hola, me **llamo** Alejandro. Estoy **bien** porque **estoy** contento. Tengo catorce **años**. Mi cumpleaños es el **quince** de octubre.

b. Hola, me llamo Rubén. **Tengo** nueve años. Estoy mal **porque** estoy **triste**. Mi cumpleaños **es** el veintidós de **febrero**.

10. Guided Translation

a. Me llamo Simona y tengo once años.

b. Estoy muy bien porque estoy contento.

c. No estoy bien porque estoy cansada.

d. Mi cumpleaños es el quince de agosto.

e. ¿Cuándo es tu cumpleaños?

11. Pyramid Translation

Hola, me llamo Juan. Tengo diez años. Mi cumpleaños es el veinticuatro de octubre.

UNIT 5 - MI MASCOTA

LISTENING

1. Listen and complete with the missing vowel
a. Un perro
b. Un caballo
c. Un gato
d. Un pez
e. Una tortuga
f. Una oveja
g. Un conejo
h. Una gallina

2. Listen and tick the word you hear
a. 2   b. 3   c. 1   d. 2   e. 3

3. Complete with the missing syllables in the box below
a. Un perro **ne**gro
b. Una **gallina** blanca
c. Un caballo gris
d. Un pez a**zul**
e. Un conejo marrón
f. Una araña negra
g. Una oveja **ro**ja
h. Un loro amari**llo**

4. Complete the words with the missing endings
a. Un pájaro amarill**o**
b. Una oveja ros**a**
c. Un loro roj**o**
d. Un gato negr**o**
e. Una tortuga naranj**a**
f. Un perro blanc**o**
g. Un pingüino pequeñ**o**
h. Una gallina negr**a**
i. Un pez verd**e**
j. Una cobaya blanc**a**

5. Write the missing word as you hear it – Students trsnscribe as they hear it
a. Un **pájaro** azul
b. Una **araña** amarilla
c. Un **conejo** rosa
d. Un **pingüino** negro
e. Una **cobaya** blanca
f. Una **oveja** roja
g. Un perro **marrón**
h. Un ratón **pequeño**
i. Una **gallina** grande
j. Tengo un **loro**.
k. **No** tengo un gato.

6. Faulty echo
a. No tengo un **pingüino** gris.
b. Tengo una **oveja** rosa.
c. No **tienes** un pez azul.
d. No tengo un gato **pequeño**.
e. Tienes una **gallina** pequeña.
f. No tienes un **caballo** marrón.
g. No tengo **mascotas**.
h. Tengo una tortuga **verde**.
i. Tengo un **loro** amarillo.
j. No tengo una araña **roja**.

7. Listen and choose the correct spelling
a. 2   b. 1   c. 2   d. 2   e. 2   f. 1   g. 1   h. 2   i. 1   j. 2   k. 1   l. 2

8. Fill in the grid – in English
a. Cat ; Black
b. Bird ; Blue
c. Sheep ; White
d. Parrot ; Yellow
e. Fish ; Orange
f. Rabbit ; White

THE LANGUAGE GYM

9. Spot the intruder
Identify the word in each sentence the speaker is NOT saying
a. Tengo un pez azul y un <u>dos</u> gato gris.   dos

b. ¿Tienes <u>un</u> mascotas? No, no tengo mascotas.   un

c. Tú tienes un caballo blanco que <u>como</u> se llama Rocky.   como

d. Yo tengo un perro marrón y <u>no</u> grande.   no

e. Tú no tienes una araña <u>grande</u> pero tienes un ratón pequeño.   grande

f. Yo tengo un pingüino gris <u>blanco</u> que se llama Pepe.   blanco

10. Catch it, Swap it
Listen, spot the difference between what you hear and the written text and edit each sentence accordingly.
Transcript

e.g. Tengo un **conejo** marrón y blanco.   <u>conejo</u>

a. Tienes un caballo **pequeño** y gris.   <u>pequeño</u>

b. No tengo una **oveja** negra y amarilla.   <u>oveja</u>

c. Tengo un **perro**, pero no tengo una oveja.   <u>perr</u>

d. No tienes un pez **verde** pero tienes una araña.   <u>verde</u>

e. ¿Tienes una mascota? Sí, tengo un **caballo** negro. <u>caballo</u>

f. No tengo un **ratón** pero tengo una cobaya.   <u>ratón</u>

g. Tengo un loro **amarillo** que se llama Rocky.   <u>amarillo</u>

11. Listening Slalom

e.g. Yo tengo un gato negro.   (I have a black cat.)

a. Tú tienes un caballo rosa.   (You have a pink horse.)

b. Yo no tengo un conejo amarillo.   (I don't have a yellow rabbit.)

c. Yo tengo un perro gris.   (I have a grey dog.)

d. Tú no tienes un ratón marrón.   (You don't have a brown mouse.)

e. Tengo una tortuga azul.   (I have a blue tortoise.)

f. Yo no tengo un pez blanco.   (I don't have a white fish.)

READING

1. Sylla-Bees
a. Tengo un perro blanco.   b. Tienes un loro azul y rosa.   c. Tengo un ratón marrón y negro.

2. Read, Match, Find and Colour

A. Match these sentences to the pictures above
a. Rabbit   b. Turtle   c. Penguin   d. Chicken   e. Fish   f. Dog   g. Cat

h. Sheep   i. Parrot   j. Horse

B. Using the sentences in task A find the Spanish for:
A. Una gallina amarilla.   b. Tengo un pez.   c. Una oveja blanca.   d. Una tortuga verde.

E. Marrón y gris.   f. Un gato pequeño.   g. Un caballo grande.   h. Tengo un pingüino.

I. No tienes.   j. No tengo.

THE LANGUAGE GYM

9. Spot the intruder
Identify the word in each sentence the speaker is NOT saying

a. Tengo un pez azul y un <u>dos</u> gato gris.   dos

b. ¿Tienes <u>un</u> mascotas? No, no tengo mascotas.   un

c. Tú tienes un caballo blanco que <u>como</u> se llama Rocky.   como

d. Yo tengo un perro marrón y <u>no</u> grande.   no

e. Tú no tienes una araña <u>grande</u> pero tienes un ratón pequeño.   grande

f. Yo tengo un pingüino gris <u>blanco</u> que se llama Pepe.   blanco

10. Catch it, Swap it
Listen, spot the difference between what you hear and the written text and edit each sentence accordingly.
Transcript

*e.g. Tengo un **conejo** marrón y blanco.*   <u>conejo</u>

a. Tienes un caballo **pequeño** y gris.   <u>pequeño</u>

b. No tengo una **oveja** negra y amarilla.   <u>oveja</u>

c. Tengo un **perro**, pero no tengo una oveja.   <u>perr</u>

d. No tienes un pez **verde** pero tienes una araña.   <u>verde</u>

e. ¿Tienes una mascota? Sí, tengo un **caballo** negro.   <u>caballo</u>

f. No tengo un **ratón** pero tengo una cobaya.   <u>ratón</u>

g. Tengo un loro **amarillo** que se llama Rocky.   <u>amarillo</u>

11. Listening Slalom

e.g. Yo tengo un gato negro.   (I have a black cat.)

a. Tú tienes un caballo rosa.   (You have a pink horse.)

b. Yo no tengo un conejo amarillo.   (I don't have a yellow rabbit.)

c. Yo tengo un perro gris.   (I have a grey dog.)

d. Tú no tienes un ratón marrón.   (You don't have a brown mouse.)

e. Tengo una tortuga azul.   (I have a blue tortoise.)

f. Yo no tengo un pez blanco.   (I don't have a white fish.)

READING

1. Sylla-Bees

a. Tengo un perro blanco.   b. Tienes un loro azul y rosa.   c. Tengo un ratón marrón y negro.

2. Read, Match, Find and Colour

A. Match these sentences to the pictures above

a. Rabbit   b. Turtle   c. Penguin   d. Chicken   e. Fish   f. Dog   g. Cat

h. Sheep   i. Parrot   j. Horse

B. Using the sentences in task A find the Spanish for:

A. Una gallina amarilla.   b. Tengo un pez.   c. Una oveja blanca.   d. Una tortuga verde.

E. Marrón y gris.   f. Un gato pequeño.   g. Un caballo grande.   h. Tengo un pingüino.

I. No tienes.   j. No tengo.

UNIT 5 - MI MASCOTA

LISTENING

1. Listen and complete with the missing vowel
a. Un perro
b. Un caballo
c. Un gato
d. Un pez
e. Una tortuga
f. Una oveja
g. Un conejo
h. Una gallina

2. Listen and tick the word you hear
a. 2   b. 3   c. 1   d. 2   e. 3

3. Complete with the missing syllables in the box below
a. Un perro negro
b. Una gallina blanca
c. Un caballo gris
d. Un pez azul
e. Un conejo marrón
f. Una araña negra
g. Una oveja roja
h. Un loro amarillo

4. Complete the words with the missing endings
a. Un pájaro amarillo
b. Una oveja rosa
c. Un loro rojo
d. Un gato negro
e. Una tortuga naranja
f. Un perro blanco
g. Un pingüino pequeño
h. Una gallina negra
i. Un pez verde
j. Una cobaya blanca

5. Write the missing word as you hear it – Students trsnscribe as they hear it
a. Un **pájaro** azul
b. Una **araña** amarilla
c. Un **conejo** rosa
d. Un **pingüino** negro
e. Una **cobaya** blanca
f. Una **oveja** roja
g. Un perro **marrón**
h. Un ratón **pequeño**
i. Una **gallina** grande
j. Tengo un **loro.**
k. **No** tengo un gato.

6. Faulty echo
a. No tengo un **pingüino** gris.
b. Tengo una **oveja** rosa.
c. No **tienes** un pez azul.
d. No tengo un gato **pequeño.**
e. Tienes una **gallina** pequeña.
f. No tienes un **caballo** marrón.
g. No tengo **mascotas.**
h. Tengo una tortuga **verde.**
i. Tengo un **loro** amarillo.
j. No tengo una araña **roja.**

7. Listen and choose the correct spelling
a. 2   b. 1   c. 2   d. 2   e. 2   f. 1   g. 1   h. 2   i. 1   j. 2   k. 1   l. 2

8. Fill in the grid – in English
a. Cat ; Black
b. Bird ; Blue
c. Sheep ; White
d. Parrot ; Yellow
e. Fish ; Orange
f. Rabbit ; White

THE LANGUAGE GYM

8. Tangled Translation

a. Hello, **my name is** Dylan. I am **seven years old. My birthday** is on the 18th of July. **I have a** white dog **which is called** Lily. **She is very** big.

b. **Hola**, me llamo Gianfranco. **Tengo** nueve **años**. Mi **cumpleaños** es el veinte **de junio**. **Tengo un pez azul** que se llama Nemo. Es muy **pequeño**.

9. Fill in the Gaps

a. Hola, me **llamo** Enrique y tengo diez años. Mi cumpleaños es el **cinco** de junio. **Tengo** un caballo **gris** que se **llama** Zar.

b. Hola, me llamo Carlos. Tengo **once** años. Mi cumpleaños es el diecinueve de **enero**. Tengo un **perro** marrón y **blanco** que se llama Maya. Es **pequeño**.

10. Guided Translation

a. Me llamo Stefano y **tengo once años**.

b. Tengo un conejo gris que se llama Pepe.

c. No tengo loro, pero tengo un gato.

d. Tienes un perro marrón y un gato negro.

e. No **tienes** una tortuga, pero tienes una araña.

f. No tengo una cobaya blanca.

11. Pyramid Translation

Tengo un pájaro blanco que se llama Dory, pero no tengo una cobaya negra.

12. Staircase Translation

a. ¿Tienes un perro?

b. No tengo una oveja blanca.

c. (Tú) Tienes un caballo negro que se llama Zar.

d. Tengo un gato marrón y una tortuga grande.

e. Tengo un pez pequeño y tú tienes un pingüino gris.

THE LANGUAGE GYM

3. True or False
1 a. True   b. False (5th of June)   c. False (a grey horse)   d. True
2 a. False (8)   b. False (13th of May)   c. True   d. False (Mate)

4. Tick or Cross
A. Read the text. Tick the box if you find the words in the text, cross it if you do not find them
a. ✓   b. X   c. ✓   d. X   e. X   f. ✓   g. ✓   h. ✓   i. X   j. ✓   k. X   l. ✓
B. Find the Spanish in the text above
a. Me llamo…   b. Mi cumpleaños es el…   c. Es un gato grande.
d. ¿Tú tienes mascotas?   e. Tengo un conejo negro.

5. Language Detective
A. Find someone who…
a. José   b. Manuel   c. Carmen   d. Manuel   e. José   f. Carmen   g. Nieves   h. Nieves
B. Odd one out: I am 8 years old. (odd chunk)

WRITING

1. Spelling
a. **Tengo**   b. Un **gato**   c. Un **caballo**   d. Un **perro marrón**   e. Un **loro amarillo**
f. **Tienes**   g. **Mascotas**

2. Anagrams
a. Tengo un perro negro.   b. No tengo un gato verde.   c. Mi oveja se llama Pepa.
d. Tengo una tortuga azul.   e. Tengo una cobaya negra.

3. Gapped Translation
a. I am **seven** years old.   b. I have a **small** cat.   c. I do not have a **spider.**
d. **You** have a brown **horse.**   e. I have a sheep **called** Dida.   f. **I have** a white **horse.**
g. Do **you have** pets?   h. I do not have **pets.**   i. I have a black **guinea pig.**

4. Split Sentences
a. 2   b. 1   c. 3   d. 7   e. 4   f. 5   g. 6

5. Rock Climbing
a. Mi perro se llama Rocky.   b. Tengo una gallina blanca.   c. No tengo un gato negro.
d. Tienes un caballo grande y marrón.   e. No tienes una tortuga pequeña y rosa.

6. Mosaic Translation
a. Tengo un pingüino negro y blanco.   b. No tengo un gato, pero tengo un loro.
c. Mi oveja se llama Lucera y es blanca.   d. Mi perro es grande, negro y marrón.
e. Tengo una tortuga pequeña que se llama Dida.

7. Sentence Puzzle
a. Tengo un perro marrón.   b. ¿Tienes una mascota?   c. Tienes un loro.
d. Tengo un gato blanco.   e. Tengo una gallina pequeña   f. Tienes un pez azul y amarillo.
g. Tengo una cobaya blanca.   h. No tengo mascotas.   i. Tengo un gato blanco y negro.

UNIT 6 - MI MOCHILA

LISTENING

1. Faulty Echo
*e.g. En mi **mochila** tengo un libro.* (mochayla)
a. En mi estuche **hay** un pegamento. (hey)
b. ¿**Qué** tienes en tu mochila? (kwe)
c. En mi mochila tengo una **calculadora**. (calcyuladora)
d. En mi estuche tengo una **regla**. (reglar/wriggler, English 'r')
e. **En** mi mochila hay un cuaderno. (in)
f. En mi estuche tengo una goma **y** un bolígrafo. (why)

2. Listen and Match
a. 2   b. 4   c. 6   d. 3   e. 1   f. 5

3. Listen and tick the word you hear
*e.g. En mi mochila tengo **una carpeta**.*
a. 3 (lápiz)   b. 1 (agenda)   c. 2 (sacapuntas)   d. 3 (hay)   e. 1 (pegamento)

4. Fill in the grid with the correct information in English
e.g. Hola, me llamo José. En mi mochila hay una calculadora roja.
a. Buenos días me llamo Pilar. Tengo un bolígrafo negro.
b. Hola, me llamo Mario. En mi estuche hay una regla blanca.
c. Buenas tardes, me llamo Dylan. En mi mochila tengo un lápiz rosa.
d. Hola, me llamo Valle. No tengo un bolígrafo verde.

Answers:
e.g. Calculator / Red
a. **Pen / Black**
b. **Ruler / White**
c. **Pencil / Pink**
d. **Pen / Green**

5. Listen and complete with the missing vowels
a. Una calculadora
b. Un libro azul
c. Un sacapuntas
d. Una carpeta
e. Una mochila
f. Un bolígrafo negro
g. Una carpeta roja
h. Un pegamento amarillo
i. Una mochila verde
j. Un lápiz de color rosa

6. Complete with the missing syllables in the box below
a. Un pegamento amarillo.
b. Un lápiz de color verde.
c. Una agenda roja.
d. Un bolígrafo negro.
e. Un estuche amarillo.
f. Una mochila blanca.
g. Tengo un sacapuntas rojo.
h. Una calculadora negra.
i. ¿Qué tienes en tu estuche?
j. Una carpeta naranja.

7. Can you help the penguin to break the flow? Draw a line between words
a. En mi estuche hay un pegamento gris.
b. En mi mochila hay un libro y una regla.
c. ¿Qué tienes en tu mochila? Tengo un lápiz.
d. En mi estuche no tengo una goma blanca.
e. En mi mochila no hay una agenda rosa.
f. En mi estuche tengo un sacapuntas azul.

17

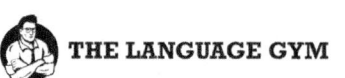
THE LANGUAGE GYM

8. Spot the Intruder. Identify the word in each sentence the speaker is NOT saying

a. En mi estuche <u>no</u> hay un bolígrafo azul.　　　　　no

b. En mi estuche tengo <u>hay</u> una goma y un pegamento.　　hay

c. En mi estuche hay <u>una goma,</u> un sacapuntas y una regla.　una goma

d. ¿Qué tienes en tu <u>un</u> estuche?　　　　　un

e. ¿Qué <u>tengo</u> hay en tu mochila?　　　　tengo

f. En mi mochila no tengo una agenda amarilla <u>y verde</u>.　y verde

g. En mi mochila hay <u>un lápiz,</u> un libro y un cuaderno rojo.　un lápiz

9. Catch it, Swap it.

Listen, spot the difference between what you hear and the written text and edit each sentence accordingly

Transcript

e.g. En mi **estuche** tengo una goma.　　　　　<u>estuche</u>

a. En mi mochila tengo un pegamento **rojo**.　　<u>rojo</u>

b. En mi estuche hay un bolígrafo **azul**.　　　<u>azul</u>

c. En mi mochila hay una **carpeta** rosa　　　<u>carpeta</u>

d. En mi mochila no tengo una agenda **naranja**　<u>naranja</u>

e. En mi estuche no hay un **cuaderno** amarillo　<u>cuaderno</u>

f. En mi mochila no **tengo** una agenda roja.　　<u>tengo</u>

g. No tengo un **sacapuntas** rojo　　　　　<u>sacapuntas</u>

10. Sentence Bingo

Write 4 of the sentences into the grid. You will hear sentences in Spanish in a RANDOM ORDER. Tick all 4 of your sentences to win!

1. In my school bag I have a glue.	*En mi mochila tengo un pegamento.*
2. In my school bag I have a green glue.	*En mi mochila tengo un pegamento verde.*
3. In my pencil case there is a black pen.	*En mi estuche hay un bolígrafo negro.*
4. In my school bag there is a pink calculator.	*En mi mochila hay una calculadora rosa.*
5. In my school bag I do not have a blue diary.	*En mi mochila no tengo una agenda azul.*
6. In my pencil case there is not a yellow pencil.	*En mi estuche no hay un lápiz amarillo.*
7. In my school bag there is not a red diary.	*En mi mochila no hay una agenda roja.*
8. I do not have a red exercise book.	*No tengo un cuaderno rojo.*
9. I do not have a green pen.	*No tengo un boli verde.*
10. I have a pen.	*Tengo un boli.*

11. Listening Slalom

Listen and pick the equivalent English words from each column

e.g. *Tengo un lápiz gris y una goma.*

a. En mi estuche tengo una regla amarilla y un lápiz rosa. *(In my pencil case I have a yellow ruler and a pink pencil)*

b. En mi mochila hay un libro azul y una carpeta roja. *(In my schoolbag there is a blue book and a red folder)*

c. Tengo un bolígrafo negro y una calculadora en mi estuche. *(I have a black pen and a calculator in my pencil case)*

d. No tengo una goma blanca, pero tengo un pegamento. *(I don't have a white rubber, but I have a glue)*

e. En mi estuche no hay un sacapuntas, pero hay una regla. *(In my pencil case there isn't a sharpener, but there is a ruler)*

f. Tengo una carpeta naranja, pero no tengo un cuaderno rojo en mi mochila. *(I have an orange folder, but I don't have a red notebook in my schoolbag)*

READING

1. Sylla-Bees
a. Tengo un sacapuntas.   b. En mi estuche tengo una goma blanca.   c. En mi mochila hay una agenda azul.

2. Read, Match, Find and Colour
A. Match these sentences to the pictures above
a. Pencil   b. Schoolbag   c. Rubber   d. Calculator   e. Pen   f. Book   g. Sharpener   h. Ruler
i. Diary   j. Folder
B. Using the sentences in task A find the Spanish for:
a. Un sacapuntas azul   b. Tengo una mochila   c. En mi estuche   d. Hay una regla
e. Una regla rosa   f. No tengo   g. Tengo una carpeta   h. Roja y negra (f)
i. Tienes   j. Una agenda naranja

3. True or False
A. Read the paragraphs and for each statement answer True of False
a. True   b. False (21ˢᵗ of July)   c. False (cat and turtle)   d. True   e. False (yellow exercise book)
f. True   g. False (9)   h. False (has a rabbit)   i. False (black pen)   c. True

B. Find in the text above the Spanish for:
a. Mi cumpleaños es   b. En mi mochila   c. Tengo un conejo   d. un cuaderno amarillo
e. No tengo un sacapuntas   f. una goma naranja

4. Tick or Cross
A. Read the text. Tick the box if you find the words in the text, cross it if you do not find them
a. ✓   b. X   c. X   d. ✓   e. ✓   f. ✓   g. X   h. X   i. ✓   j. ✓   k. ✓   l. ✓
B. Find the Spanish in the text above
a. El quince de febrero   b. En mi mochila   c. Una agenda rosa   d. una regla blanca   e. No tengo goma

5. Language Detective
A. Find someone who…
a. Marta   b. Ricardo   c. Marta   d. Enid   e. Ricardo   f. Enid   g. Ricardo
B. Odd one out: A white horse (odd chunk)

WRITING

1. Spelling
a. Una regla   b. Un libro   c. Un lápiz   d. Un sacapuntas   e. Una agenda   f. Una mochila   g. Un pegamento

2. Anagrams
a. Tengo una regla   b. Tienes una goma   c. No tengo lápiz   d. Tienes un libro

3. Gapped Translation
a. I have an **orange** pencil and a **glue stick**.   b. In my pencil case there is a green **pen** and a **ruler**.
c. I do not have a **sharpener** but I have a **rubber**.   d. **What** do you **have** in your **schoolbag**? I have a **book**.

THE LANGUAGE GYM

4. Split Sentences

a. 2   b. 3   c. 7   d. 5   e. 1   f. 4   g. 6

5. Rock Climbing

a. En mi estuche tengo un bolígrafo.

b. No tengo un pegamento, pero tengo una carpeta.

c. Tienes una goma amarilla y un lápiz gris.

d. En mi mochila hay un libro y una agenda roja.

e. Tengo un sacapuntas, pero no tengo una regla.

6. Mosaic Translation

a. En mi mochila hay una carpeta naranja.

b. Tengo un bolígrafo azul y un lápiz verde.

c. En mi estuche tengo un sacapuntas y una goma rosa.

d. ¿Qué tienes en tu mochila? Tengo un libro rojo.

e. No hay una calculadora negra en mi estuche.

7. Sentence Puzzle

a. En mi mochila tengo un libro verde.

b. ¿Qué tienes en tu estuche?

c. En mi estuche hay una regla amarilla.

d. En mi estuche hay un sacapuntas pero no hay una goma.

8. Tangled Translation

a. Hello, **my name is** Jaume. **I am** nine years old. My birthday **is the 26**th of January. I have **a** brown **dog which is called Miquel.** In my pencil case there is **a white rubber and** a red ruler but **there is not** a grey **sharpener.**

b. Buenos días, **me llamo** Ester. **Tengo** trece años. Mi cumpleaños **es el quince** de febrero. Tengo **un caballo** negro que se llama Bandido. **En mi mochila hay** un libro verde y **un cuaderno amarillo,** pero no hay **una carpeta rosa.**

9. Fill in the Gaps

a. Hola, me llamo Juan y **tengo** once años. Mi cumpleaños es el veinte **de** junio. En mi **estuche** tengo un **lápiz,** un bolígrafo y **una** goma **blanca.**

b. Hola, **me** llamo Carmen. Tengo un **conejo** gris. En mi mochila **hay** un libro, un **sacapuntas** y un cuaderno **amarillo.** Pero no hay **carpeta.**

10. Guided Translation

a. En mi mochila hay una agenda naranja.

b. En mi estuche tengo un lápiz azul.

c. No hay una goma en mi **estuche.**

d. No **tengo** una regla, pero tengo un libro.

d. **Tengo** un estuche rojo en mi mochila.

11. Pyramid Translation

En mi mochila tengo un libro amarillo y una carpeta roja, pero no tengo una regla.

12. Staircase Translation

a. Tengo un bolígrafo rojo.

b. ¿Qué tienes en tu mochila?

c. En mi estuche hay un lápiz verde y una regla.

d. No tengo una goma, pero tengo un sacapuntas gris.

e. En mi mochila no hay un libro, pero hay una calculadora y una agenda.

UNIT 7 - ¿DE DÓNDE ERES?

LISTENING

1. Split sentences. Listen and match
a. 4   b. 8   c. 2   d. 7   e. 1   f. 3   g. 5   h. 6

2. Faulty Echo
*e.g. Soy de **Argentina**. (dg)*
a. Soy de **China**. (Chaina)   b. Soy de **España**. (Espana)
c. **Hablo** aléman. (Jablo)   d. Soy de **Inglaterra**. (con r- Inglaterror)
e. Hablo inglés y **francés**. (franches)   f. Hablo italiano, pero no hablo **portugués**. (portugués)
g. Hablo **muy** bien chino. (mo-i)

3. Listen and tick the word you hear
a. 2 (No hablo **inglés.**)   b. 3 (Soy de Italia y **hablo** francés.)   c. 2 (Hablo **español** muy bien.)
d. 1 (Soy de **China** y hablo inglés.)   e. 2 (**Soy de** Francia, pero no hablo francés.)

4. Fill in the grid with the correct information in English
a. Ronan ; France ; French   b. Alberto ; Italy ; English (doesn't speak)
c. Pamela ; England ; Spanish   d. Ronaldo ; Portugal ; German

5. Listen and complete with the missing letter
a. Soy d**e** España.   b. Soy de Francia.   c. Hablo muy bien inglés.
d. No hablo español.   e. También hablo alemán.   f. ¿Hablas chino? No, hablo galés.
g. Soy de China y hablo francés.   h. Hablo francés y **un** poco de italiano.
i. Soy de Portugal y hablo portugués.   j. ¿Habla**s** italiano? Sí, muy bien.

6. Complete with the missing syllables in the box below
a. Hablo chino.   b. No ha**blo** alemán.   c. Soy de **Inglaterra**.
d. Hablo portu**gués**.   e. ¿Hablas in**glés**?   f. Soy de Escocia y hablo inglés.
g. Soy de Fran**cia** y hablo francés.   h. Soy de España y hablo un poco de chino.
i. No hablo muy bien espa**ñol**.   j. Tam**bién** hablo portugués.

7. Can you help the penguin to break the flow? Draw a line between words
a. Hablo inglés y también italiano.   b. Soy de Alemania, pero hablo inglés.
c. Soy de China y hablo un poco de alemán.   d. No hablo irlandés, pero hablo español.
e. Hablo inglés y francés muy bien.   f. ¿Qué idiomas hablas? Hablo chino.

8. Spot the Intruder. Identify the word in each sentence the speaker is NOT saying
a. Hablo inglés, <u>español,</u> pero no soy de Inglaterra.   **español**
b. Soy de Australia y <u>no</u> hablo un poco de chino.   **no**
c. Hablo alemán, pero <u>también</u> soy italiano.   **también**
d. ¿Hablas español? Sí, también <u>soy</u> francés.   **soy**
e. No hablo galés, <u>y</u> pero hablo irlandés.   **y**
f. Soy de Portugal. Hablo portugués <u>italiano</u>.   **italiano**
g. No hablo chino <u>hablas</u> muy bien.   **hablas**

9. Catch it, Swap it.

Listen, spot the difference between what you hear and the written text and edit each sentence accordingly.

Transcript:

a. Soy de Italia y hablo muy bien italiano y **chino**.   chino

b. Soy de Inglaterra y hablo inglés, pero no hablo **francés**.   francés

c. Soy de **Alemania** y hablo inglés, pero no hablo español.   Alemania

d. Soy de América y hablo un poco de **portugués**.   portugués

e. Soy de Escocia y hablo **muy bien** alemán.   muy bien

f. Soy de **Inglaterra**, pero no hablo muy bien inglés.   Inglaterra

10. Sentence Bingo: write 4 of the sentences into the grid. You will hear sentences in Spanish in a RANDOM ORDER. Tick all 4 of your sentences to win!

11. Listening Slalom

a. Me llamo Stefano, Soy de Italia, pero hablo portugués.   b. Hola, hablo español, pero soy de Alemania.

c. Soy de España y hablo un poco de francés.   d. Hablo un poco de chino, pero no hablo inglés.

e. No hablas muy bien irlandés, pero hablas italiano. f. No soy de Inglaterra. Soy de Argentina y hablo español

READING

1. Sylla-Bees

a. Tengo nueve años, soy de Francia y hablo chino.   b. Soy de Italia, pero no hablo muy bien italiano.

2. True or False

A. Read the paragraphs below and answer True or False

a. True   b. False (dog)   c. False (English and French)   d. True   e. True   f. False (he likes it)

g. False (Italian)   h. False (very well)   i. True   j. False (she likes speaking in Spanish)

B. Find in the text above the Spanish for:

a. Tiene un año.   b. Es muy buena.   c. No tengo mascotas.

d. Me gusta mucho.   e. Me gusta hablar.   f. No me gusta nada.

3. Tick or Cross

A. Read the text. Tick the box if you find the words in the text, cross it if you do not find them

a. X   b. X   c. X   d. X   e. ✓   f. X   g. X   h. X   i. ✓   j. X   k. ✓   l. ✓

B. Find the Spanish in the text above

a. El quince de octubre.   b. No hablo chino.   c. Hablo muy bien inglés.

d. Me gusta mucho el alemán.   e. No me gusta nada el español.

4. Language Detective

A. Find someone who...

a. Martina   b. Martina   c. Carmen   d. Carmen / Martina   e. Ricardo.   f. Ricardo / Carmen   g. Carmen

B. Odd one out

I don't like Spanish (odd chunk)

WRITING

1. Spelling

a. Alemán   b. Un poco   c. Alemania   d. Inglaterra   e. Inglés   f. Hablo español   g. No hablo chino

THE LANGUAGE GYM

2. Anagrams
a. Hablo español.   b. Soy de Inglaterra.   c. No hablo alemán.   d. Me gusta el galés.   e. Hablo portugués.

3. Gapped Translation
a. I speak **German** and **French,** but I don't speak **English.**   b. I am from **Germany** and I speak Irish **very well.**
c. I am from **England** but I don't speak **English.**   d. What **languages** do you **speak**? I speak **Irish.**

4. Split Sentences
a. 4   b. 2   c. 5   d 3   e. 6   f. 1   g. 7

5. Rock Climbing
a. Soy de Francia y no hablo alemán.   b. Hablo muy bien chino, pero no hablo francés.
c. ¿Qué idiomas hablas? Hablo inglés.   d. ¿De dónde eres? Soy de Inglaterra.
e. Hablo un poco de inglés y de irlandés.

6. Mosaic Translation
a. Soy de Italia y hablo italiano y francés.   b. ¿De dónde eres? Soy de Inglaterra.
c. Hablo un poco de francés y chino.   d. ¿Qué idiomas hablas? Hablo muy bien alemán.
e. Hablo muy bien inglés, pero también me gusta el español.

7. Fill in the Gaps
a. Hola, me llamo Roberto. Tengo **ocho** años. Mi cumpleaños es el veinte **de** junio. Soy de **Italia** y **hablo** alemán y **francés.** También hablo un **poco** de inglés.
b. Hola, me llamo María. Tengo un perro **negro.** Soy **de** Francia. Hablo muy **bien** alemán y español. **También** hablo **un** poco de francés. Me gusta mucho el **portugués.**

8. Tangled Translation
a. Hello, **my name is** Miguel. **I am** seven years old. My birthday **is on the 13**th of March. **I am** from **France.** I speak French and English **very well. I also speak a little** Italian, **but** I don't speak **German.** I like **Chinese.**
b. Buenos días, **me llamo** Lorena. **Tengo** doce años. Mi cumpleaños **es el cuatro** de abril. Tengo **un perro** negro **que se llama** Colli. Soy de **Alemania. Hablo** muy bien inglés **y** hablo **un poco de francés,** pero **no hablo** italiano. **Me gusta** el alemán.

9. Sentence Puzzle
a. Hablo inglés y francés muy bien.   b. ¿Qué idiomas hablas? Hablo españo.
c. ¿De dónde eres? Soy de Australia.   d. Hablo inglés, pero no hablo alemán.

10. Guided Translation
a. Hola me llamo Marta. Soy de Australia.   b. Soy de España. Hablo italiano muy bien.
c. Hablo francés muy bien y un poco de irlandés.   d. Hablo alemán y francés, pero no hablo chino.
d. ¿Qué idiomas hablas? Hablo chino y español.

11. Pyramid Translation
Hola, me llamo Claudia. Hablo alemán y francés, pero no hablo chino.

12. Staircase Translation
a. Soy de Irlanda.   b. Hablo inglés y francés.   c. No hablo alemán, pero hablo italiano.   d. Hablo muy bien chino, pero no hablo español.   e. Soy de Escocia. Hablo un poco de portugués, pero no hablo irlandés.

THE LANGUAGE GYM

UNIT 8 - ¿QUÉ TIEMPO HACE?

LISTENING

1. Listen and tick the word you hear
a. 2 (**Hace frío** en Madrid.)   b. 1 (Hoy **hay tormentas.**)   c. 3 (**Llueve** en Barcelona.)
d. 1 (**Hace buen tiempo** en Santander.) e. 2 (Esta semana **hay nubes.**)

2. Faulty echo
*e.g. **Hoy** hace sol. (H like j)*
a. En invierno **hace** frío. (haze)   b. Normalmente **llueve.** (lueve)
c. En **verano** hace calor. (virano)   d. Hoy **hay** tormentas. (hei)
e. Por lo **general** hace buen tiempo. (g like gato)   f. ¿Qué **tiempo** hace? (tempo)
g. Esta semana hay **niebla.** (naibla)

3. Listen and Match - Transcript
a. Hoy hace calor   b. Normalmente llueve   c. En verano hace sol   d. En otoño hay nubes
e. En invierno nieva   f. Esta semana hay tormentas   g. En primavera hace viento
Answer Key:
a. 3   b. 5   c. 2   d. 4   e. 1   f. 7   g. 6

4. Listen and complete the missing letter
a. El lunes hace frío.   b. El viernes hace viento.   c. Hoy llueve.   d. Hay tormentas.
e. El sábado **hace** calor.   f. El miércoles hace sol.   g. Hoy nieva.
h. El jueves hace mal tiempo.   i. Hoy hay nubes.

5. Listen and complete with the missing syllable
a. En primavera llu**eve.**   b. Hoy hace b**uen** tiempo.   c. En otoño hace **frío.**   d. En invierno **nieva.**
e. Por lo **gene**ral hace sol.   f. En verano hac**e** calor.   g. Normalmente **hay** niebla.

6. Can you help the penguin to break the flow? Draw a line between words
a. ¿Que tiempo hace hoy? Hace sol.   b. En verano hace calor en Madrid.
c. En otoño hace buen tiempo en Barcelona.   d. En invierno hace frío en Santander.
e. Por lo general hay nubes en Tenerife.   f. Hoy hace viento y llueve en Valencia.

7. Complete with the missing syllables in the box below
a. En Valencia hace buen **tiem**po.   f. En Barcelona hace **vien**to.
b. En Santander hace sol.   g. En Madrid nieva.
c. En Bilbao llue**ve.**   h. En Alicante hace **frío.**
d. En Ibiza hace **mal** tiempo.   i. En Sevilla hay tor**men**tas.
e. En Tenerife hay **nubes.**   j. En Mallorca hace **calor.**

8. Fill in the grid with the correct information in English
a. Normally ; It is good weather   d. Today ; It is hot
b. In the winter ; It is foggy   e. Usually ; It is sunny
c. In the spring ; It rains   f. This week ; It is cold

THE LANGUAGE GYM

9 Spot the Intruder

a. ¿Qué <u>no</u> tiempo hace en Madrid?   **no**
b. En Ibiza <u>hay</u> hace buen tiempo   **hay**
c. En Barcelona <u>cómo</u> hace mal tiempo   **cómo**
d. Hoy en Mallorca <u>tengo</u> hay nubes   **tengo**
e. En Valencia hace <u>es</u> viento   **es**
f. En invierno <u>calor</u> llueve en Bilbao   **calor**

10. Listening Slalom

e.g. *Hoy hace calor en Valencia.*   *[Today it is hot in Valencia.]*
a. Normalmente hace buen tiempo en Barcelona.   [Normally it is good weather in Barcelona.]
b. En primavera llueve en Alicante.   [In spring it rains in Alicante.]
c. En otoño hace mal tiempo en Sevilla.   [In autumn it is bad weather in Seville.]
d. Hoy hace frío en Santander.   [Today it is cold in Santander.]
e. Por lo general hace sol en Ibiza.   [Usually it is sunny in Ibiza.]
f. Esta semana hay tormentas en Tenerife.   [This week there are storms in Tenerife.]
g. Hoy nieva en Madrid.   [Today it snows in Madrid.]

READING

1. Sylla-Bees

a. Hola, soy de España. Hoy en Madrid hace frío.   b. Hola, soy de Francia. En verano en París hace calor.

2. True or False (map)

a. False   b. True   c. False   d. True   e. False   f. True   g. True   h. False

3. Read, Match, Find and Colour

A. Match the sentences to the pictures above

a. It snows   b. It's sunny   c. Storm   d. It rains   e. It's windy   f. It's nice weather
g. It's cloudy   h. It's hot   i. It's bad weather   j. It's cold

B. Using the sentences in task A find the Spanish for:

a. Hace calor   b. Hay nubes   c. En invierno   d. Hace buen tiempo   e. Esta semana
f. Hace frío   g. Llueve   h. Hoy   i. Hace sol   j. Hace viento

4. True or False

A. Read the paragraphs below and answer True or False

a. False (10)   b. True   c. False (He is from France)   d. True   e. False (it is warm)   f. True
g. False (She is from Germany)   h. True   i. False (She speaks English very well)   j. True

B. Find in the texts above the Spanish for:

a. Pero hoy…   b. Normalmente hace calor.   c. En Alemania por lo general hace mal tiempo.
d. Pero hoy no hace buen tiempo.

5. Language Detective

A. Read & answer the questions

a. Daniel   b. Pedro   c. In Edinburgh   d. In Rome   e. In Rome   f. Pedro   g. In Madrid

B. Odd two out

I am from England / I have a white and grey cat (odd ones)

WRITING

1. Spelling
a. En primavera   b. En invierno   c. Hace calor.   d. En otoño   e. Llueve.
f. En otoño hay nubes.   g. En verano hace calor.

2. Gapped Translation
a. I am **from** Australia and it is **good** weather **today**.
b. In **autumn** it is **windy** in **New** York.
c. I **am** from England and **generally** it is not **good** weather.
d. I am from **Scotland** and **usually** it is **bad** weather.
e. It is **cloudy** and it is **windy**, but there are no **storms** today.

3. Fill in the gaps
a. Hola, me llamo Carlos. Tengo **catorce** años. Soy **de** Inglaterra. En Londres, por lo **general** hace **viento** y **hace** frío, **pero** hoy hace calor.
b. Hola, **me** llamo Julia. Soy de Italia y **tengo** diez años. **En** Italia en **verano** hace **buen** tiempo, pero hoy llueve y hay **nubes**.

4. Sentence Puzzle
a. En España hace buen tiempo.   b. En Inglaterra hace mal tiempo y llueve.
c. ¿Qué tiempo hace en Italia?   d. Hoy llueve y hace viento, pero no hay tormentas.

UNIT 9 - MI CIUDAD

LISTENING

1. Listen and tick the word you hear
a. 1   b. 3   c. 1   d. 2   e. 2

2. Faulty Echo
e.g. *Vivo en Barcelona. (in)*   a. Me gusta mi **pueblo.** (publo)   b. Me **encanta** mi ciudad. (enchanta)
c. No **me** gusta mi ciudad. (mi)   d. Vivo en **Londres.** (Londcres)   e. Mi pueblo es **pequeño.** (pequino)
f. Mi ciudad es **fea.** (fia)   g. **Porque** es ruidosa. (porqui)   h. Porque es **tranquilo.** (trankuilo)

3. Listen and complete with the missing letter
a. Vivo **en** Nueva York.   b. Mi ciudad es bonita.   c. Mi pueblo es pequeño.   d. Vivo en Edimburgo.
e. Mi ciudad es tranquila.   f. Mi pueblo es bonito.   g. Mi pueblo es tranquilo.   h. Me gusta mi ciudad.
i. No me gusta mi pueblo.   j. Mi ciudad es pequeña.

4. Narrow Listening. Gap-fill
a. Hola, me llamo Fernando y tengo once **años.** Soy de **Irlanda,** pero vivo **en** Inglaterra. Hablo un **poco** de inglés
y hablo muy **bien** irlandés y **español**. Me gusta mi **pueblo** porque es tranquilo y **bonito**.
b. Hola, me llamo Rosa y tengo once **años**. Soy de España, pero **vivo** en Alemania. Hablo **alemán**, **español**
y **francés**. Me encanta mi **ciudad** porque **es** grande, pero **ruidosa**.

5. Fill in the grid with the correct information in English
a. Ernesto ; likes it ; pretty   b. Antonio ; doesn't like it ; small   c. Stefano ; loves it ; lively
d. Carlota ; likes it ; big   e. Miguel ; hates it ; ugly   e. Gianfranco ; loves it ; quiet/calm

6. Complete with the missing syllables in the box below
a. Vivo **en** Madrid.   b. **Me** gusta mi pueblo.   c. Me gusta mi ciudad.   d. **Odio** mi ciudad.
e. Me encanta mi pueblo.   f. **No** me gusta mi pueblo.   g. Mi ciudad **es** fea.
h. Mi **pue**blo es feo.   i. ¿**Te** gusta tu pueblo?   j. Mi pueblo es **ru**idoso.

7. Spot the Intruder. Identify the word in each sentence the speaker is NOT saying
a. No   b. Me   c. Muy   d. Bonita   e. Me   f. A   g. Donde   h. Mi

8. Catch it, Swap it: listen, spot the difference and edit each sentence accordingly
a. **ruidoso** ; pequeño   b. **fea** ; grande   c. **animada** ; tranquila   d. **pequeña** ; ruidosa
e. **fea** ; grande   f. **bonito** ; tranquilo   g. **turística** ; animada

**9. Sentence Bingo: write 4 of the sentences into the grid. You will hear sentences in Spanish in a RANDOM
ORDER. Tick all 4 of your sentences to win!**

1. Odio mi ciudad porque es fea.   2. No me gusta mi pueblo porque es feo.
3. Me gusta mi ciudad porque es bonita.   4. No me gusta mi pueblo porque es pequeño.
5. Odio mi ciudad porque es muy grande.   6. Me encanta mi ciudad porque es tranquila.
7. No me gusta mi ciudad porque es horrible.   8. Me gusta mi ciudad porque es grande.
9. Me gusta mi pueblo porque es tranquilo.   10. Me encanta Nueva York porque es animada.

THE LANGUAGE GYM

10. Listening Slalom

e.g. *Me llamo Juan, vivo en Madrid. Me encanta mi ciudad.*

a. Vivo en Nueva York. Me encanta mi ciudad porque es animada.

b. Vivo en Marbella. Me gusta mi pueblo porque es turístico.

c. No me gusta mi pueblo porque es pequeño.

d. Me gusta mi pueblo porque es bonito y tranquilo.

e. Odio mi ciudad porque es fea y grande.

f. Vivo en Londres. Es grande, animada y turística.

READING

1. Sylla-Bees

a. Vivo en Madrid. Me gusta porque es bonita.   b. Vivo en New York. Me encanta porque es grande.

2. True or False
A. Read the paragraphs below and answer True or False

a. False (cinco)   b. False (French)   c. True   d. False (it is warm)   e. True   f. False (big and touristic)

g. True   h. True   i. False (she lives in England)   j. False (small, pretty and touristic)

B. Find in the text above the Spanish for:

a. Normalmente hace calor.   b. Es pequeño y bonito.   c. Me encanta.

d. Por lo general hace frío.   e. Es grande y turística.   f. Vivo en París.

3. Tick or Cross
A. Read the text. Tick the box if you find the words in the text, cross it if you do not find them

a. ✓   b. X   c. X   d. X   e. X   f. ✓   g. X   h. X   i. ✓   j. X   k. X   l. ✓   m. ✓

B. Find the Spanish in the text above

a. Hoy en Barcelona llueve.   b. Prefiero una ciudad tranquila.

c. En Roma normalmente hace sol.   d. Odio mi ciudad porque es turística.

e. Porque es animada, pero es muy ruidosa.

4. Language Detective
A. Find someone who...

a. Daniela   b. Consuelo   c. Consuelo   d. Daniela   e. Daniela   f. Ricardo   g. Ricardo y Consuelo

B. Odd one out: I like my town. (odd chunk)

WRITING

1. Spelling

a. Animado   b. Ruidoso   c. En mi pueblo   d. Mi ciudad

e. Pequeño   f. Mi ciudad es fea   g. Vivo en Londres

2. Anagrams

a. Vivo en España.   b. Me gusta Londres.   c. Odio mi pueblo.   d. Porque es animado.

3. Gapped Translation
a. I am **from** Australia but I **live** in Scotland.
b. I like my **town** because it is **very** pretty and **big**.
c. I **live** in London. I **love** my **city**.
d. Do you like **your** town? No, I don't like **my** town.
e. Where do **you live**? I live in a **lively** but **small** town.

4. Split Sentences
a. 7   b. 6   c. 4   d. 3   e. 1   f. 5   g. 2

5. Rock Climbing
a. Soy de Inglaterra, pero vivo en Roma.   b. No me gusta mi ciudad porque es fea.   c. ¿Te gusta tu pueblo?
No, porque es pequeño.   d. Me gusta mi pueblo porque es grande.   e. ¿Dónde vives? Vivo en Edimburgo.

6. Mosaic Translation
a. Mi ciudad es bonita y pequeña, pero es turística.
b. ¿Dónde vives? Vivo en un pueblo grande.
c. No me gusta mi pueblo porque es feo y ruidoso.
d. ¿Te gusta tu ciudad? Sí, me encanta Londres.
e. Mi pueblo es tranquilo y bonito. También es pequeño.

7. Fill in the Gaps
a. Hola, me llamo Simón. Tengo **doce** años. Soy de **España,** pero vivo **en** Inglaterra. **Hablo** un poco de alemán.
Me gusta mi **pueblo** porque **es** tranquilo.
b. Hola, me llamo Julia. Soy de Italia, pero **vivo en Glasgow**. Hablo muy **bien** inglés e italiano. También hablo un
poco **de** español. Me gusta mi **ciudad** porque es tranquila **y** bonita.

8. Tangled Translation
a. Hello, **my name is** Consuelo. **I am from** Spain, **but** I live **In Germany.** I speak German **and** Spanish. In Germany,
generally, it rains. I live **in Berlin and** I don't like it **because it is** very big and **noisy.**
b. Buenos días, **me llamo** José. Tengo **once** años y **no tengo** mascotas. Vivo **en Nueva York.** Me gusta **mi ciudad**
porque es **muy grande** y bonita. **También** me encanta **porque** es animada y **no es** fea. En Nueva York, **normalmente**
hace buen **tiempo** y hace **calor.**

9. Sentence Puzzle
a. Me gusta mi ciudad porque es muy bonita.
b. ¿Dónde vives? Vivo en Nueva York y no me gusta.
c. ¿Te gusta tu pueblo? Me encanta porque es pequeño.
d. Odio Londres porque es ruidosa y también turística.

10. Guided Translation
a. Hola me llamo Patricia. Vivo en Roma.   b. Soy de España. Hablo muy bien inglés.   c. Vivo en un pueblo, me
gusta poruqe es tranquilo. d. Mi ciudad es animada y **también turística.** e. ¿Dónde vives? Vivo en Nueva York.

11. Pyramid Translation
Hola, me llamo Carlota. Vivo en Londres. Me gusta mi ciudad porque es grande y bonita, pero no es turística.

12. Staircase Translation
a. Me gusta mi ciudad.
b. No me gusta mi pueblo porque es turístico.
c. Me encanta mi pueblo porque es bonito y animado.
d. Odio mi ciudad porque es grande y turística también ruidosa.
e. Me gusta mi pueblo porque es bonito y pequeño y no es ruidoso.

THE LANGUAGE GYM

UNIT 10 - EN MI PUEBLO

LISTENING

1. Listen and tick the word you hear
a. 2 (plaza)　　b. 1 (cine)　　c. 2 (no hay)　　d. 3 (teatros)　　e. 2 (iglesias)

2. Faulty Echo.
*e.g. En mi **pueblo** hay un cine. (publo)*
a. En mi **ciudad** hay una iglesia. (cuidad)
b. En mi pueblo **hay** una biblioteca. (hey)
c. En mi ciudad hay restaurantes y **parques**. (parqwes)
d. En mi pueblo no hay **piscinas**. (pisquinas)
e. En mi pueblo hay un polideportivo y un **castillo**. (castilo)
f. En mi ciudad hay una **plaza** pero no hay un museo. (plazza)

3. Listen and complete with the missing vowel
a. Mi pueblo　　b. Una plaza　　　　c. Una piscina　　　　d. Mi ciudad　　　e. Un cine
f. Un museo　　g. Un polideportivo　　h. Una panadería　　i. Una iglesia　　j. ¿Hay una plaza?

4. Complete with the missing syllables in the box below
a. Un supermercado　　b. Un teatro　　　c. Tiendas　　　　d. Colegios　　　　e. Un parque
f. Una farmacia　　　　g. Una biblioteca　　h. Un castillo　　　i. Restaurantes　　j. Mi ciudad

5. Fill in the grid with the information in English
a. Museum ; beach　　　　　　　　　b. Shops, restaurants ; stadium
c. Schools, parks ; swimming pools　　d. Supermarket, library ; theatre

6. Spot the Intruder. Identify the word in each sentence the speaker is NOT saying
a. Un　　　　b. No　　　　c. También　　　　d. Es　　　　e. Vivo　　　　f. Bonita

7. Narrow Listening. Gap-fill
a. Vivo **en** una ciudad **grande** en Francia. En mi **barrio** hay un **cine**, una **piscina** y **restaurantes**. Me gusta **mi** barrio porque es **tranquilo** y bonito.
b. Soy de **Alemania**, pero vivo en **España**, en un **pueblo** pequeño. Me **encanta** mi barrio porque es **animado**, pero **un** poco **ruidoso**.

8. Listening Slalom
a. En mi ciudad hay un polideportivo y un museo.
b. Vivo en Barcelona. Hay una playa y un castillo.
c. En mi pueblo hay tiendas, pero no hay piscinas.
d. Me encanta mi barrio porque es grande. Hay restaurantes y tiendas.
e. Me gusta mi pueblo porque es bonito. Hay una plaza, pero no hay un estadio.
f. En mi pueblo no hay un cine, pero hay una biblioteca.

THE LANGUAGE GYM

READING

1. Sylla-Bees
a. En mi pueblo hay una iglesia, pero no hay catedrales.
b. En mi barrio hay un polideportivo y un estadio.

2. True or False
A. Read the paragraphs and decide if the statements are True or False
a. True   b. False (he likes)   c. False (big and touristic)
d. True   e. False (no cinemas)   f. False (she is from France)
g. False (in Spain)   h. False (it is warm)   i. True   j. True
B. Find in the text above the Spanish for:
a. La capital de Alemania   b. Hay una estación de tren.   c. Me gusta mi ciudad.
d. No hay cines.

3. Tick or Cross
A. Read the text. Tick the box if you find the words in the text, cross it if you do not find them
a. ✓   b. X   c. X   d. ✓   e. X   f. ✓   g. X   h. ✓   i. X   j. ✓   k. ✓   l. X

B. Find the Spanish in the text above
a. Un pueblo pequeño que se llama…   b. No hay estación de tren.
c. Vivo en una ciudad que se llama Roma.   d. En mi barrio hay un parque.
e. Pero no hay cines.

4. Language Detective
A. Find someone who…
a. Roberto   b. Mariana   c. Roberto   d. Mariana   e. Mario   f. Mariana   g. Mariana
B. Odd two out:
But I live in England. – I don't like my city. (two odd chunks)

WRITING

1. Spelling
a. Una estación de tren   b. Un estadio   c. Una piscina   d. Un restaurante
e. Una biblioteca   f. Un polideportivo g. Hay un parque   h. No hay tiendas

2. Anagrams
a. Hay un parque.   b. Hay una catedral.   c. No hay piscinas.   d. Hay restaurantes.

3. Gapped Translation
a. In my **neighbourhood** there is a **sports centre** and a stadium.
b. In my **town** there is a big **square**.
c. I **live** in London. In London **there** are cathedrals and **castles**.
d. What **is** there in your neighbourhood? There is a pretty **square**.
e. In my **city** there is a **church** and a **library**.

THE LANGUAGE GYM

4. Split Sentences
a. 4   b. 1   c. 2   d. 3   e. 5   f. 7   g. 6

5. Rock Climbing
a. En mi barrio hay una biblioteca y un castillo.
b. En mi ciudad hay un estadio y una catedral.
c. En mi pueblo no hay un polideportivo, pero hay un supermercado.
d. ¿Qué hay en tu pueblo? Hay una plaza bonita y una piscina.
e. No me gusta mi barrio porque no hay cines.

6. Fill in the Gaps
a. Hola, me llamo Ramón. Tengo **nueve** años. Soy de **Italia**, pero vivo en Londres. Me gusta porque es muy **grande**. En mi **barrio** hay una **piscina** y **un** estadio.
b. Hola, me llamo Nieves. Soy de **América**, pero **vivo** en Mallorca. **Me** gusta porque **normalmente** hace calor. En **mi** ciudad **hay** una iglesia. **También** hay piscinas.

7. Tangled Translation
a. Hello, **my name is Ana. I am from** England, **but** I live **in Italy.** I speak Italian **and German.** In Italy, **usually** the **weather** is good. **In my neighbourhood** there is **a bakery** and shops, **but** there is no **train station.**

b. Buenos días, **me llamo** Juan. Tengo **doce** años. Vivo **en Alemania**, en la capital, que se llama **Berlín. Me gusta** porque es **muy grande** y turística. **En mi** barrio **hay** una farmacia **y una tienda,** pero no hay **panadería.** ¿Dónde vives **y qué** hay **en tu** ciudad?

8. Sentence Puzzle
a. En mi barrio hay tiendas y también supermercados.
b. ¿Qué hay en tu pueblo? Hay una piscina y una plaza.
c. En mi ciudad hay una catedral, pero no hay estaciones de tren.
d. Mi pueblo es bonito porque hay tiendas y restaurantes.

9. Guided Translation
a. Hola, me llamo Mafalda. Vivo en una ciudad bonita que se llama París.
b. Vivo en una ciudad bonita. En mi ciudad hay tiendas, pero no hay piscinas.
c. En mi barrio hay un colegio y una iglesia, pero no hay parques. Es muy aburrido.

10. Staircase Translation
a. Me gusta mi ciudad.
b. No me gusta mi pueblo porque no hay cines.
c. En mi barrio hay una biblioteca, pero no hay polideportivos. Es bonito.
d. En mi ciudad hay un estadio, pero no hay estación de tren. Es ruidosa y también turística.
e. En mi pueblo hay una iglesia, pero no hay catedrales. Es pequeño y también tranquilo, pero es ruidoso.

Printed in Great Britain
by Amazon

57848902R00020